Yellow Umbrella Books are published by Capstone Press,
151 Good Counsel Drive, P.O. Box 669, Mankato, Minnesota 56002.
www.capstonepress.com

Library of Congress Cataloging-in-Publication Data
Trumbauer, Lisa, 1963–
    [Take away. Spanish]
    Restar / por Lisa Trumbauer.
    p. cm.—(Yellow Umbrella: Mathematics - Spanish)
    Includes index.
    ISBN 0-7368-4132-6 (hardcover)
    1. Subtraction—Juvenile literature. I. Title.
QA115.T77 2005
513.2'12—dc22   2004048781

Summary: Introduces subtraction by showing groups of different objects, taking some
away, and asking the reader how many are left.

Editorial Credits
Editorial Director: Mary Lindeen
Editor: Jennifer VanVoorst
Photo Researcher: Wanda Winch
Developer: Raindrop Publishing
Adapted Translations: Gloria Ramos
Spanish Language Consultants: Jesús Cervantes, Anita Constantino
Conversion Editor: Roberta Basel

Photo Credits
Cover: Erin Hogan/PhotoDisc; Title Page: Jeremy Woodhouse/PhotoDisc;
Page 2: Phil Bulgasch/Capstone Press; Page 3: Jim Foell/Capstone Press;
Page 4–Page 16: Phil Bulgasch/Capstone Press

1 2 3 4 5 6 10 09 08 07 06 05

Restar

por Lisa Trumbauer

Consultants: David Olson, Director of Undergraduate Studies, and
Tamara Olson, Associate Professor, Department of Mathematical Sciences,
Michigan Technological University

Yellow Umbrella Books
Mathematics - Spanish

an imprint of Capstone Press
Mankato, Minnesota

Cuando restas estás quitando.

Vamos a restar.

Tienes 8 carritos.

Quita 2. ¿Cuántos quedan?

Tienes 5 creyones.

Quita 1. ¿Cuántos quedan?

Tienes 4 patitos.

Quita 2. ¿Cuántos quedan?

Tienes 10 fresas.

Quita 4. ¿Cuántas quedan?

Tienes 8 ranitas.

Quita 3. ¿Cuántas quedan?

Tienes 6 pedazos de pastel.

Quita 6. ¿Cuántos quedan?

¡No quedan pedazos!

Glosario/Índice

(el) carrito—juguete en la forma de un carro; un carro es un vehículo con motor, de cuatro ruedas, usado específicamente para el transporte de personas; página 4

(el) creyón—lápiz de cera; página 6

(la) fresa—fruto de la planta de la frutilla o fresa; página 10

(el) pastel—masa de harina, azúcar, huevos, etc., cocida al horno; página 14

(el) patito—juguete en la forma de un pato; un pato es un ave de pico ancho, patas pequeñas y palmeadas; los patos nadan y se alimentan en el agua; página 8

(la) ranita—juguete en la forma de una rana; una rana es un animal de piel lisa, ojos saltones y patas traseras adaptadas al salto; página 12

Word Count: 54
Early-Intervention Level: 6